DON BOSCO

Rosemarie Portmann

Die 50 besten Spiele für mehr Respekt

DON BOSCO

MiniSpielothek

**Gerne nehmen wir Ihre Anregungen,
Wünsche, Kritik oder Fragen entgegen:**
Don Bosco Medien GmbH, Sieboldstraße 11, D-81669 München
anregungen@donbosco-medien.de
Servicetelefon: +49(0)89 48008-341

Bibliografische Information der Deutschen Nationalbibliothek

Die Deutsche Nationalbibliothek verzeichnet diese Publikation in der Deutschen Nationalbibliografie; detaillierte bibliografische Daten sind im Internet über http://dnb.d-nb.de abrufbar.

klimaneutral gedruckt
www.klima-druck.de
ID-Nr. 22121835
bvdm.

5. Auflage 2023 / ISBN 978-3-7698-2066-9

www.donbosco-medien.de
Umschlag und Umschlagfoto: Manfred Lehner, Blue Cat Design
Layout: Alexandra Paulus
Produktion: Don Bosco Druck & Design, Ursensollen

Gedruckt auf umweltfreundlichem Papier

Inhalt

Wer seine Mitmenschen achtet,
wird selbst geachtet.

(aus dem Talmud)

Respektvolle Spiele

Ich mag – Ich mag nicht

Die Kinder gehen durch den Raum. Es läuft Musik. Wenn die Musik stoppt, nennt die Spielleitung – oder ein Kind – eine Verhaltensweise.
Wer sie respektvoll findet, hebt jubelnd die Arme in die Luft. Wer sie nicht respektvoll findet, kauert sich klein zusammen.

Beispiele

angeschrien werden – ausgelacht werden – den Vogel gezeigt bekommen – um Rat gefragt werden – um etwas gebeten werden – angeschaut werden

Material

Musik und Abspielgerät

Fotoassoziationen

Auf dem Boden oder dem Tisch verteilt liegen vorbereitete Bilder aus einer Fotosammlung, die zum Thema „Respekt“ passen. Die Kinder gehen umher und wählen aus, welches Bild am ehesten oder am wenigsten ihre persönliche Einstellung zum Thema repräsentiert: „Welches Bild zeigt am besten, was ich mir unter ‚Respekt‘ vorstelle?“
Anschließend wird ein Stuhlkreis gebildet und jedes Kind hat nun Gelegenheit, seine Bilder vorzustellen und die Auswahlkriterien oder Gefühle bei der Auswahl zu erläutern.

Variation

Die Kinder suchen selbst aus Prospekten, Zeitschriften o. Ä. Bilder heraus und gestalten damit Collagen zum Thema „Respekt“.

Material

eine Bilder-Sammlung zum Thema „Respekt“

Was wird da gespielt?

Einige Kinder spielen eine Situation vor, die etwas mit mangelndem Respekt, Regelverletzung o. Ä. zu tun hat – und zwar ohne Worte. Z. B.:

- jemanden verspotten
- jemanden nachäffen
- sich wegdrehen, wenn jemand einem etwas sagen will

Sagt die Spielleitung „Stopp“, bewegen sich die Kinder nicht mehr. Was haben sie vorgespielt? Wie könnte die Situation anständig oder höflich enden?

Variation

Die Kinder bauen zu zweit oder zu dritt „respektvolle“ und „nicht-respektvolle“ Standbilder, z. B.:

- eine Freundschaft, die gerade beginnt
- eine herzliche Freundschaft
- ein vorsichtiges Kennenlernen
- ein abwertendes Verhalten

Es liegt in deiner Hand

Die Kinder nennen zuerst möglichst viele Tätigkeiten, die sie mit ihren Händen machen können, z. B.: schlagen, trommeln, streicheln, kneifen, drücken, winken usw.

Dann erhält jedes Kind ein Stück grünes und ein Stück rotes dickeres Papier. Auf jedes legt es eine Hand, umfährt die Umrisse mit einem Stift und schneidet den Abdruck seiner Hände aus. Auf die grüne Hand schreibt und/oder malt das Kind dann eine Tätigkeit der Hand, die ihm gut tut, auf die rote etwas, was ihm nicht gut tut. Die Hände werden dann farblich sortiert im Raum aufgehängt. Im Kinderalltag kann aus aktuellen Anlässen auf die Hände hingewiesen werden.

Material

rotes und grünes Tonpapier, Scheren

Respekt vor der Umwelt

Auch unsere Umwelt verdient Respekt. Das bedeutet, die Umwelt nicht zu beschmutzen, nicht zu beschädigen o. Ä. Die Kinder sammeln oder benennen im Raum oder draußen

- etwas, das schön ist, z. B. ein Bild, ein Kissen, eine Farbe, eine Blume, ein Stein, die Sonne ...

und

- etwas, das da nicht hingehört bzw. stört oder nicht in Ordnung ist, z. B. ein Stück Papier auf dem Boden, ein Buch mit einer eingerissenen Seite, eine zertrampelte Pflanze, Müll neben der Mülltonne ...

Die Kinder können zum Sammeln auch Kleingruppen bilden. In der Großgruppe werden anschließend die Sammelergebnisse thematisiert. Warum sind Menschen so unachtsam? Warum sollten wir die Umwelt respektieren? Was kann jeder tun?

Konferenz der Haustiere

Auch unsere Haustiere verdienen Respekt. Um das den Menschen klar zu machen, treffen die Haustiere sich zu einer Konferenz. Sie tragen zusammen, was sie vom Menschen brauchen, um sich wohl und geschützt zu fühlen. Z. B.: gesundes Futter, Wasser, Beachtung, Auslauf, ein anderes Tier als Gesellschaft. Dabei kann auch darüber gesprochen werden, was die Tiere nicht mögen, z. B.: nicht am Schwanz gezogen werden, getreten werden etc.

Jedes Kind verwandelt sich in ein Tier seiner Wahl, einen Hund, eine Katze, ein Kaninchen o. Ä. Jede Tierart kann mehrfach vorkommen. Alle sitzen im Kreis und beschließen „respektvolle“ Maßnahmen.

Variation

Statt der Haustiere können auch andere Tiere, z. B. alle Tiere auf einem Bauernhof, Zootiere oder auch Pflanzen eine Konferenz durchführen.

Respektvoll streiten

Auch in Konfliktsituationen können wir respektvoll miteinander umgehen.
Alle Kinder erhalten Papier und malen, wie sie sich einen nicht respektvollen Streit und einen respektvollen Streit vorstellen. Anschließend besprechen sie ihre Bilder in der Gruppe. Die Bilder, die einen respektvollen Streit darstellen, werden anschließend im Raum aufgehängt.
Mithilfe der positiven Bilder entwickeln die Kinder eine Liste von respektvollen Streitregeln für die Gruppe. Dabei sollten positive Verhaltensweisen und nicht Verbote benannt werden, z. B.: Wir wollen Streit mit Worten regeln. (Nicht: Wir wollen uns nicht schlagen.)
Das Formulieren von Streitregeln sollte genutzt werden um über häufig auftretende Auseinandersetzungen in der Gruppe zu sprechen.

Material

Papier und Stifte

Miteinander umgehen

Die Spielleitung nennt Beispiele, wie Menschen miteinander umgehen und fragt die Kinder jedes Mal: „Was findet ihr besonders wichtig? Wer eine Äußerung wichtig findet, steht auf." Die Spielleitung notiert jedes Mal die Anzahl der Zustimmungen.

Beispiele

- andere nicht warten lassen
- sich nicht vordrängeln
- jemandem Hilfe anbieten, wenn er etwas nicht allein kann
- beim Husten die Hand vor den Mund halten
- pünktlich sein
- immer bei der Wahrheit bleiben
- Streit ohne zu schlagen lösen
- andere nicht verspotten

Anschließend wird das Ergebnis besprochen und besonders häufig als „wichtig" bezeichnete Umgangsformen werden im Laufe der Zeit in der Gruppenarbeit vertieft.

Höfliche Spiele

Begrüßung

Die Kinder laufen zu Musik im Raum umher. Wird die Musik unterbrochen, müssen sich alle nebeneinander stehenden Kinder freundlich begrüßen.
In einer zweiten Spielrunde sagen sie zusätzlich: Ich heiße ...
Und in einer dritten Runde begrüßen sie sich freundlich und nennen dazu den Namen des anderen Kindes: Ich begrüße dich, ...
Das Spiel eignet sich auch als Kennenlernspiel.

Material

Musik und Abspielgerät

Platz da, hier komm ich

Alle Kinder stehen sich in zwei Reihen gegenüber. Auf ein Kommando der Spielleitung hin bewegen sie sich auf die gegenüberliegende Seite und wieder zurück auf ihren Ausgangsplatz. Dabei sollen sie bestimmte Bewegungen machen:

- Sie hüpfen gebückt auf die jeweils andere Seite, vorsichtig an den Entgegenkommenden vorbei ohne sie zu berühren, drehen um und hüpfen genauso vorsichtig wieder zurück an ihren ursprünglichen Platz.
- In einer zweiten Runde hüpfen die Kinder möglichst schnell nur auf einem Bein hin und zurück.
- In einer dritten Runde machen sie sich breit und stampfen hin und zurück und rempeln sich den Weg frei, wenn jemand im Weg ist.
- In einer weiteren Runde schleichen sie langsam und vorsichtig aneinander vorbei.
- In der letzten Runde gehen sie aufrecht und aufmerksam auf die andere Seite, ist ein anderes Kind im Weg, darf es freundlich berührt werden.

Wie konnten die Kinder die Seite am sichersten wechseln? Haben sie gerempelt, auch wenn es nicht nötig gewesen wäre? Wie ist das im Alltag? Passen sie da jedes Mal auf oder verschaffen sie sich einfach Platz?

Mit vollem Mund spricht man nicht

Die Kinder bilden Paare. Die beiden Kinder stehen sich gegenüber und schauen sich an. Jedes Kind bekommt einen Becher mit Wasser und muss einen Schluck Wasser in den Mund nehmen. Statt Wasser kann auch jedes Kind einen Keks in den Mund nehmen. Nun stellt die Spielleitung verschiedene Fragen, z. B. „Was ist dein Lieblingsessen?" Die Kinder müssen versuchen sich gegenseitig durch Mimik und Gestik zu erklären, was ihr Lieblingsessen ist.

Das Spiel macht viel Spaß. Dennoch sollte anschließend ernsthaft darüber gesprochen werden, dass und warum man mit vollem Mund nicht spricht. Auch andere Tischsitten können thematisiert werden.

Material

Becher mit Wasser oder kleine Kekse

Tischsitten

Die Gruppe spricht über gute Umgangsformen beim Essen. Als Einstieg können Rollenspiele dienen. Die Kinder spielen dazu Ess-Situationen vor, z. B.:
Sofie und Max essen in einem Hamburger-Restaurant. Während sie genüsslich essen, erzählen sie sich den neuesten Klatsch. Dann stehen sie auf, wischen ihre fettigen Hände an ihren Hosen ab und gehen. Die restlichen Pommes und Verpackungsabfälle lassen sie auf dem Tisch liegen.
Oder:
Die Gruppe sitzt beim Frühstück. Da kommt ein Kind hinzu, langt über ein anderes hinweg, nimmt ein Stück Käse mit den Fingern, steckt es in den Mund und blättert gleichzeitig in einem Buch. Es trinkt einen Schluck und schlürft dabei laut.

Anschließend wird darüber gesprochen: Was war richtig? Was war falsch?
Die Kinder können selbst weitere Rollenspiele erfinden, indem sie Situationen nachspielen, die sie aus ihrem Alltag kennen.

Gemeinsam leise

Die Kinder sitzen im Kreis. Ein Kind steht ganz leise auf, geht leise zu einem anderen Kind, verbeugt sich vor ihm, worauf sich dieses genauso leise erhebt und auf ein anderes Kind zugeht. Das erste Kind setzt sich auf den frei gewordenen Platz. Das Spiel wird abgebrochen, wenn es durch Sprechen, Husten, Lachen oder irgendein anderes Geräusch unterbrochen wird. Es wird dann von neuem begonnen. Wie lange schaffen es die Kinder gemeinsam leise zu sein?

Variation

Zwei Kinder beginnen gleichzeitig. Sie stehen auf, begegnen sich still in der Kreismitte, begrüßen sich schweigend und fordern je ein weiteres Kind zum Aufstehen auf. Sie selbst setzen sich auf die frei werdenden Plätze. Die beiden Neuen begrüßen einander wieder schweigend in der Mitte.

Zimmerlautstärke

Die Gruppe überlegt sich Situationen, bei denen mehrere Menschen auf engem Raum zusammen sind und gleichzeitig sprechen, in einem Bus, in einem Warteraum, im Speisesaal etc. Damit die Menschen sich nicht stören, müssen alle darauf achten, dass sie nicht zu laut werden und mit gedämpfter Stimme sprechen.
Die Gruppe teilt sich in zwei Kleingruppen.
Die eine Gruppe setzt sich in einen Kreis und unterhält sich über ein – vorher festgelegtes – Thema, das nur sie kennt. Dabei muss sie auf „Zimmerlautstärke" achten. Die andere Gruppe verteilt sich an den Rändern des Zimmers und versucht zu erlauschen, was die Gruppe im Innenkreis sagt.
Nach einer festgelegten Zeit wird abgebrochen. Was haben die Kinder im Außenkreis verstanden?

Das Zauberwort „bitte“

Die Spielleitung nennt nacheinander Tätigkeiten, die die Kinder nachmachen sollen – allerdings nur, wenn sie das Wort „bitte“ davor setzt.

Beispiele

- Geht in die Knie. (alle bleiben stehen)
- Hebt den linken Arm. (niemand hebt den Arm)
- Bitte, haltet euch die Augen zu. (alle halten sich die Augen zu)
- Fasst euch an die Nase. (niemand fasst sich an die Nase)
- Bitte, streichelt ein anderes Kind. (alle streicheln ein Kind)

Je schneller die Tätigkeiten nacheinander genannt werden, desto schwieriger wird es, sich auf das Wort „bitte“ zu konzentrieren, aber desto mehr Spaß macht das Spiel auch.

Der Ton macht die Musik

Auch wenn wir etwas Abwehrendes oder sonst wie Negatives sagen, entscheidet unser Tonfall mit, ob das, was wir sagen, höflich oder unhöflich, respektvoll oder nicht respektvoll wirkt.
Die Kinder sprechen denselben Satz in verschiedenen Tonlagen, einmal ruhig, einmal aggressiv, einmal laut und schrill u. Ä.

Beispiele

- Ich möchte das in Ruhe fertig machen.
- Ich möchte nicht gestört werden.
- Du bist jetzt noch nicht dran.

Anschließend wird über die Wirkung gesprochen.

Zuhören

Die Spielleitung spielt mit einem Kind eine – zuvor verabredete – kurze Szene vor. Das Kind erzählt etwas. Die Spielleitung hört zu. Allerdings unterbricht sie das Kind ständig, spielt mit ihren Schlüsseln, erzählt von eigenen Erfahrungen, fragt nach etwas, was gar nicht dazugehört, schreibt SMS u. Ä. Nach einer Weile wird das Spiel abgebrochen und noch einmal von vorne begonnen. Diesmal hört die Spielleitung gut zu, schaut das Kind an, stellt teilnehmende Fragen, nickt mit dem Kopf, schaltet das Handy aus u. Ä.

Dann bilden die Kinder Paare und spielen jeweils eine kurze Szene mit schlechtem oder gutem Zuhören. Zum Schluss können Gesprächsregeln für die Gruppe entwickelt werden. Wie zeige ich in einem Gespräch Respekt und Achtung?

Es tut mir leid ...

Wie kann man sich ausdrücken, wenn einem etwas leid tut? Wie kann man sich entschuldigen?
Die Kinder sammeln verbale und gestische Rituale reihum im Sitzkreis.

Beispiele

Es tut mir leid – Das war dumm von mir – Sei mir nicht mehr böse – Ich wollte das nicht – Verzeih mir – Ich hab da Mist gebaut – Wir wollen wieder gut sein

Statt Worten können sie auch das Nachbarkind im Kreis streicheln, ihm die Hand geben, es in den Arm nehmen u. Ä.
Die Entschuldigungsformeln werden dann einzeln auf „Es-tut-mir-Leid-Kärtchen“ geschrieben oder gemalt und in einem besonderen Behältnis gesammelt.
Die Kinder können sich daraus bedienen, wenn es ihnen (noch zu) schwer fällt, spontan „Entschuldigung“ zu sagen bzw. in Worte zu fassen, was sie sagen möchten. Nach und nach können sie so üben, ihre Entschuldigungen selbst mit Worten und Gesten auszudrücken.

Fremdenfreundliche Spiele

Begrüßung international

In fremden Ländern sprechen die Menschen nicht nur eine andere Sprache, auch für die nonverbale Kommunikation, z. B. bei der Begrüßung, benutzen sie oft andere Gesten. Die Spielleitung sagt nacheinander solche Gesten an und macht sie mit einem Kind zusammen vor. Die anderen Kinder machen sie nach. Dabei gehen alle gemächlich durch den Raum.

Beispiele

Begrüßt euch wie ...

- bei uns: Händeschütteln
- in Frankreich: Wangenküsse
- in China: mit flach aufeinander liegenden Handflächen verbeugen
- bei den Eskimos: Nasen aneinander reiben
- in Südamerika: Hände sehr lange schütteln und sich verbeugen
- in Japan: Hände auf die Oberschenkel legen und sich verbeugen
- bei den Maori in Neuseeland: einander mit den Nasenspitzen berühren

- bei einem Besuch der Königin von England: einen Hofknicks machen

Haben die Kinder solche Begrüßungen schon selbst erlebt? Kennen sie noch andere? Warum ist es wichtig, solche Begrüßungsgesten zu kennen?

Variation

Für Kinder, die schon gut lesen können, wird das Begrüßungsritual jedes Landes jeweils auf zwei Zettel geschrieben. Für jedes Kind in der Klasse ist ein Zettel vorhanden. Alle Zettel werden gut gemischt. Jedes Kind zieht einen davon. Die beiden „Landsleute“ müssen sich nun ohne etwas zu sagen, nur mittels der jeweiligen Begrüßungsgeste finden.

Bei uns ist das so

Alle Kinder sitzen im Stuhlkreis. Ein Kind hält das Wollknäuel in der Hand und erzählt aus welchem Land es kommt und berichtet kurz darüber. Nachfragen der anderen Kinder sind erlaubt. Dann wirft es das Knäuel einem anderen Kind zu und dieses Kind erzählt „Bei uns ist das so ...“ Das Spiel eignet sich besonders für Gruppen mit Kindern aus vielen Herkunftsländern, aber auch die deutschen Kinder haben etwas zu erzählen, denn in jeder Familie gibt es etwas Besonderes.
Das Wollknäuel hat eine doppelte Bedeutung: Es gibt jedem Kind das Wort und die anderen Kinder hören respektvoll zu. Das Netz aus Wollfäden, das sich im Laufe des Spiels bildet, veranschaulicht, dass alle Kinder, auch wenn sie aus noch so unterschiedlichen Familien, Kulturen oder Ländern kommen, irgendwie miteinander verbunden sind.

Material

ein Wollknäuel

Wie ist das in ...?

Die Kinder stehen oder sitzen im Kreis. Ein Kind steht mit dem Softball in der Mitte. Es nennt ein Land, in dem es schon mal war. Es fragt nun in den Kreis: „Wer war dort auch schon mal? Bitte meldet euch." Dann wirft es seinen Ball einem Kind zu, das sich nicht gemeldet hat und fragt: „Wie stellst du dir dieses Land vor?" Nachdem das Kind seine Vermutungen geäußert hat, überlegt die Gruppe gemeinsam, was davon stimmt und was nicht.

Anschließend geht das Kind, das nun den Ball hat, in die Mitte und das Spiel beginnt mit einem neuen Land von vorne.

Das Spiel kann auch mit anderen Inhalten gespielt werden, z. B.: Wie stellst du dir einen „fremden" Feiertag vor? (Chanukka, Zuckerfest ...) Es eignet sich insgesamt gut dazu, Neues über Fremde und Fremdes zu erfahren und Vorurteile zu klären.

Material

ein Softball

Ohne Worte

Wenn Menschen nicht dieselbe Sprache sprechen, ist eine respektvolle Kommunikation nicht ganz einfach. Die Kinder bilden Paare und die Spielleitung flüstert dem einen Kind etwas ins Ohr, was dieses dem anderen Kind wortlos, nur durch Mimik und Gestik mitteilen soll. Auch das andere Kind darf nicht sprechen, also auch nicht nachfragen, ob es richtig verstanden hat. Begonnen wird mit einfachen Anweisungen, nach und nach werden die Anweisungen komplexer.

Beispiele

Teile dem anderen Kind mit:

- Ich danke dir.
- Bitte bleib stehen.

Versuche das andere Kind dazu zu bringen,

- sich auf einen Stuhl zu setzen.
- die Tür zu schließen.
- ein Buch in die Hand zu nehmen.

Was war leicht? Was war besonders schwierig? Gelingt es, wenn die Verständigung so gar nicht klappen will, ruhig, geduldig und höflich zu bleiben?

Essen gehen

Die Kinder sollen unterschiedliche Essgewohnheiten kennen und respektieren lernen. Dazu spielen sie pantomimisch ein Essen nach. Verschiedene Gerichte werden für alle angesagt: Italienische Spagetti, heiße türkische Bohnensuppe, holländisches Schokoladeneis in einer Waffel, deutsche Hähnchenschenkel, griechischer Fisch mit Gräten, chinesischer Reis mit Stäbchen etc.

Wer hat wirklich schon mal eins der Gerichte gegessen? Was hat gut geschmeckt? Was war eher gewöhnungsbedürftig? Welche anderen fremden Gerichte kennen die Kinder? Welche können sie mal gemeinsam ausprobieren?

Vorurteile kennen lernen

Die Kinder bilden Kleingruppen von etwa vier Kindern. Jede Gruppe zieht ein Kärtchen, auf dem die Bezeichnung einer Bevölkerungsgruppe steht.

Beispiele

die Alten – die Indianer – die Türken – die Mädchen – die Jungen

Nacheinander stellt jede Kleingruppe nun pantomimisch diese Gruppe dar. Dabei tun sie so, als wären sie Mitglieder dieser Gruppe.
Die anderen Kinder raten, um welche Gruppe es sich handeln soll.
Wie werden die Rollen ausgestaltet? Was sagen sie über Vorurteile aus?

Material

Kärtchen mit unterschiedlichen Gruppen-Bezeichnungen

Kleidertausch

Die „angesagte“ Kleidung ist unter Kindern ein wichtiges Thema und nicht selten ein Grund, andere zu mobben. Dies Spiel eignet sich zum Einstieg in ein Gespräch über Kleidung. Jeweils zwei Kinder tauschen die Jacken und schlüpfen damit quasi in die Person des anderen. Nun erzählen sie von sich in der Rolle des anderen Kindes etwas Positives, das tatsächlich der Realität entspricht.

Beispiele

Kind A in der Jacke von B sagt von sich als B: „Ich heiße B und spiele gut Fußball.“
Kind B sagt von sich als A. „Ich bin A und habe heute einem andern Kind geholfen, das geschlagen wurde.“

Können die Kinder sich anschließend besser in das andere Kind einfühlen? Hat die Kleidung wirklich etwas mit dem Wert eines Menschen zu tun?

Variation

Die Kinder ziehen sich einen Tag lang ganz anders an als sonst. Beim nächsten Treffen der Gruppe wird über das, was ihnen am eigenen Verhalten und dem anderer aufgefallen ist, gesprochen.

Was wir von anderen übernommen haben

Vieles, was wir ganz selbstverständlich tun, essen oder sonst wie benutzen, haben wir aus einem anderen Land übernommen. Die Spielleitung oder die Kinder selbst nennen oder zeigen Dinge und fragen: Haben wir diese von anderen übernommen? Wenn ja, von wem?

Beispiele

Fußballspiel – Kaffee – Kartoffeln – Croissant

Was nicht sofort geklärt werden kann, kommt auf eine Liste, die nach und nach abgearbeitet wird.
Haben die Kinder gewusst, wie viel ursprünglich „fremd" war? Haben eigentlich auch andere Länder etwas von uns übernommen? Was?

Andere Länder – andere Sitten

Damit wir die Menschen aus anderen Ländern besser verstehen können, sollten wir ihre Sitten kennen lernen. Die Spielleitung nennt mögliche fremdartige Gebräuche, die Kinder sollen überlegen, ob sie ihnen die Wahrheit sagt. Dazu wird der Raum in eine „richtig“ und eine „falsch“ Seite geteilt. Nach jeder Aussage laufen die Kinder auf die entsprechende Seite. Nachdem sich alle verteilt haben, nennt die Spielleitung die richtige Antwort und gegebenenfalls eine ausführliche Begründung.

Beispiele

- In China darf man öffentlich auf den Boden spucken. (richtig)
- In Deutschland darf man erst mit 18 Jahren den Führerschein machen. (falsch)
- In China bedeuten schmatzen und schlürfen: es schmeckt. (richtig)
- In Saudi-Arabien dürfen Frauen nicht selbst Auto fahren. (richtig)

- In Indien darf man sich nicht beim Essen am Tisch die Nase putzen. (richtig)
- In Deutschland müssen alle türkischen Mädchen ein Kopftuch tragen. (falsch)

Souvenirs

Jedes Kind bringt etwas mit, das von weit her kommt, Urlaubsouvenirs oder Dinge aus seinem Herkunftsland, z. B. ein Kopftuch aus Ägypten, ein Teeglas aus der Türkei, ein Buttermodel aus Österreich etc.
Die Kinder zeigen sich die Dinge, erklären, woher ihr Souvenir kommt, was es bedeutet, wie man damit umgeht, wozu es gebraucht wird und vieles mehr. Die anderen Kinder können Fragen stellen.
Zum Schluss wird darüber gesprochen, welche Dinge uns fremd sind und wie wir damit umgehen sollten.

Material

verschiedene Souvenirs

Wert-volle Spiele

Rücksicht nehmen

Die Kinder bilden Paare, die sich in keinem Fall trennen dürfen. Den Kindern werden z. B. zwei Beine aneinander gebunden, sie klemmen sich einen Ball zwischen die Bäuche oder einen Stab zwischen die Finger. So fest miteinander verbunden erfüllen sie nach Ansage der Spielleitung nacheinander verschiedene Aufgaben, z. B.: vorwärts gehen, rückwärts gehen, in die Knie gehen, um einen Stuhl herum gehen, laufen etc.
Jede Aufgabe müssen beide Kinder gemeinsam schaffen. Das Band zwischen den Beinen darf nicht gelöst werden, der Gegenstand, der sie verbindet, nicht hinunter fallen.
Wie schwer ist es, aufeinander Rücksicht zu nehmen?

Variation

Das Spiel kann gegen die Zeit oder als Wettkampf zwischen den Paaren gespielt werden. Wie schwer ist es dann, Rücksicht zu nehmen?

Wolf im Schafspelz

Alle Kinder sitzen im Stuhlkreis. Sie sind die Schafe. Die Spielleitung erklärt ihnen, dass ein Kind zum „Wolf“ wird, dass das aber nur dieses Kind merkt, indem sie es berührt. Dann beginnt das Spiel. Die Spielleitung sagt: „Alle Schafe sind im Stall und schlafen.“ Alle Kinder schließen ganz fest ihre Augen und tun, als würden sie schlafen. Währenddessen tippt die Spielleitung einem Kind auf die Schulter. Dies weiß nun: „Ich bin der Wolf im Schafspelz“.
Nach einiger Zeit ruft die Spielleitung: „Alle Schafe gehen auf die Weide.“ Alle Kinder stehen auf und laufen auf allen Vieren durch den Raum. Plötzlich gibt sich der Wolf zu erkennen. Er ruft: „Ich bin der Wolf und ich kriege euch.“ Er versucht, die Schafe abzuschlagen. Schafe, die sich auf einen Stuhl flüchten können, sind gerettet.
Wie fühlen sich die Schafe? Wie fühlt sich der Wolf im Schafspelz?

Haben die Kinder im Alltag schon erlebt, dass sie von einem anderen, dem sie vertraut haben, verraten worden sind? Haben sie selbst schon mal andere „gelinkt“? Wie wichtig sind Aufrichtigkeit und Ehrlichkeit?

Beschimpf mich nicht

Jedes Kind sucht sich einen Partner und stellt sich diesem gegenüber. Eins fängt an, indem es das andere mit einem Schimpfwort beleidigt. Das andere antwortet jedes Mal: „Ich will das nicht hören. Es tut mir weh."
Anschließend werden die Rollen gewechselt.

Danach wird diskutiert: Was können wir sonst noch tun, wenn uns jemand beleidigt?
Die Kinder sammeln „achtsame" Möglichkeiten:

- aus dem Weg gehen
- selbst etwas Nettes sagen
- nachfragen: Warum sagst du das?

Die respektvollen Möglichkeiten können auch im Rollenspiel ausprobiert werden.

Wer hinter dem Stuhl steht, ist ausgeschieden. Wer zuletzt übrig bleibt, hat gewonnen. Es können auch zwei Gleiche übrig bleiben – die werden dann von der Gruppe beklatscht. Für die nächste Runde werden die Zettel neu gemischt.
Wie gehen Kinder und alte Menschen im Alltag miteinander um?

Material

Zettel mit der Aufschrift „Kind", „junger Mensch", „alter Mensch"

Die schwächste Maus schützen

Eine Katze wird bestimmt und verlässt den Raum. Die Mäuse bestimmen nun eine „schwächste" Maus, die es zu schützen gilt.
Nachdem die Katze den Raum wieder betreten hat, fängt sie an, Mäuse zu fangen. Gefangene Mäuse dürfen nicht weiter mitspielen. Die Mäuse achten darauf, dass die schwächste Maus nicht gefangen wird und „opfern" sich gegebenenfalls selbst für sie. Das Spiel ist aus, wenn die Katze die schwächste Maus gefangen hat.

Blindes Vertrauen

Die Kinder bilden Paare. Einem Kind werden die Augen verbunden. Das andere ist sein „Blindenhund“. Es führt das „blinde“ Kind nacheinander am Arm, an der Hand, an einem Finger, an der Fingerspitze durch den ganzen Raum. Der „Blinde“ bleibt am Ende blind stehen und bekommt nun einen neuen, unbekannten Blindenhund.
Welche Gefühle hatten die Kinder als „Blinde“ bzw. als „Blindenhund“? Wie geht es den „Blinden“, wenn sie nicht wissen, wer ihr Blindenhund ist? Was ist für das Gelingen dieses Spiels erforderlich?
Welche Erfahrungen haben die Kinder bisher in ihrem Alltag zum Thema Vertrauen gemacht? Was wünschen sie sich?

Ich toleriere das nicht

Die Gruppe spricht darüber, was Toleranz bedeutet. Anschließend sitzen die Kinder im Kreis. Die Spielleitung steht in der Mitte, nennt ein Verhalten und fragt die Kinder jedes Mal: „Wer das toleriert, steht bitte auf."

Beispiele

- zuschlagen, wenn man wütend ist
- andere auslachen, weil sie komisch angezogen sind
- spotten, wenn ein Kind kein Schweinefleisch isst
- über ein Kind reden, weil es keine Markenklamotten trägt
- ein Kind arm nennen, weil es kein Taschengeld bekommt

Können die Kinder sich nicht entscheiden bzw. bei „intoleranten" Entscheidungen, wird anschließend nach den Gründen gefragt.

Fair sein

Kinder mögen Spiele mit Körperkontakt und „Spaßkämpfchen“. Das ist völlig in Ordnung, wenn aus dem Spaß nicht Ernst wird und nicht mehr miteinander, sondern gegeneinander gekämpft wird. Die Kinder sollten lernen, sich nach jedem „Kampf“ gegenseitig Respekt zu bezeugen.

Das geht besonders gut beim Hahnenkampf:

Die beiden Hähne verschränken die Arme hinter den Knien, hüpfen aufeinander zu und versuchen sich gegenseitig umzustoßen. Das Kind, das umfällt oder die Hände loslässt, hat verloren. Für den Hahnenkampf wird eine bestimmte Zeit vorgegeben. Dann trennen die beiden Hähne sich eben unentschieden.

Nach jedem Wettbewerb verbeugen sich die Hähne voreinander und sagen etwas Freundliches wie: „Ich danke dir für deinen fairen Kampf.“

Statt beim Hahnenkampf kann die abschließende Respektbezeugung natürlich auch mit jedem anderen Kampfspiel geübt werden.

So gehören wir zusammen

Alle Kinder stehen oder sitzen im Kreis. Die Spielleitung nennt nacheinander Merkmale. Alle Kinder, auf die diese zutreffen, kommen in die Mitte. Die Spielleitung achtet darauf, dass niemals ein Kind alleine gemeint ist, dass etwas dabei ist, das sowohl deutsche als auch ausländische, Kinder mit und ohne Behinderung, Jungen und Mädchen betrifft, und dass jedes Kind mehrfach in die Mitte gerufen wird.

Beispiele

Alle kommen in die Mitte, die ...

- im Januar Geburtstag haben.
- schnell kopfrechnen können.
- gerne Apfelsaft trinken.

Die Kinder, die in die Mitte kommen, drücken sich freundschaftlich die Hand und lächeln sich an, außerdem erhalten sie jedes Mal von den übrigen Kindern einen Applaus. Dann gehen sie wieder in die Runde zurück.

Für die Schlussrunde wird etwas ausgerufen, das alle Kinder betrifft, z. B.:
Alle kommen in die Mitte, die ...

- Kinder sind.
- zu unsrer Gruppe gehören.
- respektvoll miteinander umgehen.

Das bedeutet: Alle Kinder kommen in die Mitte, drücken möglichst viele Hände und applaudieren sich selbst.

Achtsame Spiele

Zusammen trommeln

Die Kinder sitzen im Kreis, so dass sie sich anschauen können. Dabei trommeln sie mit den Händen je nach Lust und Laune auf ihre Oberschenkel.

Nach einer Experimentierphase, in der jedes Kind verschiedene Taktfolgen ausprobieren konnte ohne auf die anderen zu achten, gibt ein Kind eine Reihe von Taktfolgen vor. Die anderen Kinder wiederholen diese Taktfolgen. Das Kind kann auch anfangen, eine Taktfolge kontinuierlich durchzuspielen und die anderen Kinder setzen nach und nach ein und spielen genau so mit.

Wie schwer fällt es, sich an die Spielregeln zu halten und aufeinander zu achten? Wie ist das in Alltagssituationen, in denen man so genau aufeinander achten muss?

 Immer drei stehen

Die Kinder sitzen im Raum verteilt auf dem Boden. Drei Kinder stehen. Alle Kinder beobachten einander genau und arbeiten exakt zusammen.
Es sollen immer genau drei Kinder stehen. Während sich ein Kind setzt, soll bereits ein anderes Kind aufstehen. Setzen sich zwei Kinder gleichzeitig, müssen zwei dafür aufstehen. Das Spiel ist nicht leicht und sollte langsam gespielt werden.
Wie schwierig ist es, so genau aufeinander zu achten?

Variation

Die Kinder stehen im Kreis. Das erste Kind A nimmt Blickkontakt mit einem anderen Kind B auf, aber nicht mit einem seiner direkten Nachbarn. B erwidert den Blickkontakt mit einem leichten Kopfnicken. Nun bewegt sich A langsam auf B zu und nimmt dessen Platz im Kreis ein. In der Zwischenzeit hat B bereits mit Kind C Blickkontakt aufgenommen und bewegt sich auf dieses zu.
Das Spiel sollte langsam begonnen werden. Mit einiger Übung sollte sich das Tempo beschleunigen und immer mehr Kinder befinden sich in Bewegung.

Wie geht's dir heute?

Die Kinder sitzen im Kreis. Ein Stofftier, z. B. das Klassenmaskottchen wird von Hand zu Hand weitergegeben. Jedes Kind sagt der Gruppe: „So geht's mir heute. So fühle ich mich heute." Wer mag, kann seine Äußerung auch kurz begründen. Auch die Spielleitung teilt der Gruppe mit, wie es ihr geht.
Für die Runde werden Regeln festgelegt:

- Wer sich nicht äußern möchte, gibt das Tier – und damit das Wort – einfach weiter.
- Niemand darf ausgelacht werden, aber es darf gemeinsam gelacht werden. Denn manchmal hilft das schon, um sich besser zu fühlen.

Dieses Spiel eignet sich gut zum Beginn einer Gruppen- oder Unterrichtsstunde. Dann weiß jeder, wie sich die anderen fühlen und kann darauf eingehen. Kinder, die sich nicht so gut fühlen, können in Ruhe gelassen oder besonders achtsam einbezogen werden, damit sie sich wieder besser fühlen. Und auch das Verhalten der Spielleitung wird für die Kinder besser verständlich.

Material

ein Stofftier

Körpersprache

Unsere Körpersprache sagt viel darüber, wie wir uns fühlen. Wer diese Gefühle bei anderen wahrnimmt, hat es leichter, achtsam mit ihnen umzugehen. Die Spielleitung oder ein Kind macht eine Geste vor, die anderen raten, was diese Geste über die Gefühle eines Kindes aussagt.

Beispiele

- mit der Faust drohen: wütend sein, jetzt geb' ich dir's
- die Hände vors Gesicht schlagen: O je, das tut mir leid
- Viktory-Zeichen: es hat geklappt, ich bin gut drauf
- Arme eng vorm Körper überkreuzen: ich möchte jetzt eigentlich nicht mit dir reden
- beide Arme weit öffnen: komm in meine Arme, ich mag dich

Welche Gesten benutzen die Kinder selbst?
Die Spielleitung kann darauf aufmerksam machen, dass Handzeichen in anderen Kulturen etwas anderes bedeuten können als bei uns und nennt gegebenenfalls Beispiele.

Willst du mit mir gehen?

Die Kinder hüpfen zu Musik durcheinander und machen dabei ein verschlossenes oder böses Gesicht. Wenn die Musik stoppt, wenden sie sich dem Kind zu, das neben ihnen anhält, lächeln es an und fragen „Willst du mit mir gehen?" Setzt die Musik wieder ein, wird zu Zweit weitergehopst usw. Das Spiel ist aus, wenn alle lächelnd zusammen hopsen.
Das Spiel eignet sich gut, schlechte Stimmung in einer Gruppe aufzuhellen und freundlicheres Miteinander-Umgehen anzubahnen.

Material

Musik und Abspielgerät

Achtsam gehen

Dieses Spiel wird am besten auf einer Wiese oder einem Waldweg gespielt. Jeweils drei Kinder spielen zusammen. Zwei der Kinder reichen sich die Hände und gehen von einem markierten Startpunkt aus langsam zu einem ebenfalls markierten Zielpunkt. Dabei setzen sie ihre Füße sehr achtsam, um möglichst keine Pflanze und kein Tier niederzutreten. Das dritte Kind beobachtet die beiden und stellt fest, wie gut sie ihre Aufgabe erfüllen. Anschließend werden die Rollen gewechselt.

Sich gemeinsam ein Bild machen

Gemeinsam zu malen hört sich leicht an, ist aber gar nicht so einfach.
Es gibt verschiedene Varianten, mit wem, wie und was Kinder gemeinsam malen können:

- Zwei Kinder malen ein gemeinsames Bild auf einem Blatt. (Achtung: nicht zwei Bilder nebeneinander)
- Zwei Kindern werden die beiden rechten (bei Linkshändern die linken) Hände zusammengebunden. Sie halten gemeinsam einen Stift, so dass sich die beiden Kinder beim Malen einigen müssen.
- Ein Kind erhält einen Stift, dann werden ihm die Augen verbunden. Das andere Kind sagt ihm, was es malen soll. Nach einer Weile tauschen die Kinder die Rollen.
- Die beiden Kinder müssen sich während des Malens ohne Worte verständigen.
- Die ganze Gruppe malt gemeinsam ein Bild. Ein Thema wird vorgegeben und jedes Kind malt nacheinander ein Stück des Bildes. Wie ergänzen

sich die Teile? Sprechen die Kinder sich ab? Achten sie aufeinander? Oder malen sie einfach drauflos?

Material

Papier und Farbstifte

Chinesischer Wahlkampf

Im alten China war es – angeblich – üblich, dass Kandidaten, die sich für ein öffentliches Amt bewarben, nicht sich selbst priesen, sondern ihren Gegenkandidaten.
Jeweils zwei Kinder tun sich zusammen und bereiten sich auf den Wahlkampf vor. Jedes von ihnen hält nun eine Rede, in der es die Vorzüge des anderen preist und dessen Eignung für ein bestimmtes Amt herausstellt.
Die Gruppe – oder die Spielleitung – denkt sich Ämter aus, für die Bewerberinnen oder Bewerber gesucht werden, je ungewöhnlicher die Ämter, desto spannender wird das Spiel.

Beispiele

Kaiserlicher Brillenputzer, staatlicher Mückenzähler, königlicher Schleppenträger, amtlicher Vorkoster

Geschenkt

Bei Geschenken suchen wir oft etwas aus, das uns selbst gefällt. Beim Schenken sollten wir aber mehr an die zu Beschenkenden denken, unsere Geschenke sollten etwas mit ihnen zu tun haben.
Die Namen aller Kinder werden einzeln auf Zettel geschrieben. Die Kinder bilden Dreiergruppen. Jedes Kind zieht einen Zettel. Die Gruppe soll sich dann gemeinsam für diese Kinder ein Geschenk oder mehrere Geschenke ausdenken, die das jeweilige Kind charakterisieren. Durch solche Geschenke kann viel Positives mitgeteilt, aber auch Kritik respektvoll artikuliert werden.

Beispiele

- Für Susanne haben wir einen Glücks-Stein ausgesucht, schön anzufassen, auch wenn er nicht ganz rund ist, und außerdem einen Krimi mit einer tollen Kommissarin.
- Luca schenken wir einen Fußball und eine 3D-Brille, damit kann er ganz viele andere spannende Dinge sehen.
- Hasan, dir schenken wir einen Besuch am Döner-Stand und einen Spielenachmittag mit uns.

Respekt zaubern

Jedes Kind darf drei andere Kinder so verzaubern, dass diese in Zukunft freundlich und respektvoll mit ihm umgehen. Mit einem Zauberstab tippt es dem jeweiligen Kind auf die Schulter und sagt seinen „Zauberspruch“, z. B.:
„Ich verzaubere dich zu einer Person, die mich nicht beleidigt, die nicht dumme Kuh zu mir sagt, sondern mir freundlich sagt, wenn ihr etwas nicht passt.“
„Ich verzaubere dich in einen Jungen, der mich nicht mehr schubst, wenn ich an ihm vorbeigehe.“
„Ich verzaubere dich in ein Mädchen, das sich nicht über meine Klamotten lustig macht.“

Das angesprochene Kind muss dem Zauberspruch wortlos zuhören und antworten: „Ich danke dir, dass du mir das gesagt hast.“ Es kann aber auch nur eine stumme Verbeugung machen. Das Kind darf sich nicht rechtfertigen oder widersprechen – es sollte aber über das Gesagte nachdenken.

Material

ein Zauberstab

Don Bosco MiniSpielothek
Klein, fein, alles drin

ISBN 978-3-7698-2559-6

ISBN 978-3-7698-2558-9

ISBN 978-3-7698-2555-8

ISBN 978-3-7698-2556-5

ISBN 978-3-7698-2545-9

ISBN 978-3-7698-2546-6

ISBN 978-3-7698-2539-8

ISBN 978-3-7698-2540-4

ISBN 978-3-7698-2520-6

ISBN 978-3-7698-2521-3

ISBN 978-3-7698-2509-1

ISBN 978-3-7698-2510-7

ISBN 978-3-7698-2503-9

ISBN 978-3-7698-2498-8

ISBN 978-3-7698-2497-1

ISBN 978-3-7698-2466-7

ISBN 978-3-7698-2465-0

ISBN 978-3-7698-2449-0

ISBN 978-3-7698-2450-6

ISBN 978-3-7698-2397-4

ISBN 978-3-7698-2398-1

ISBN 978-3-7698-2291-5

ISBN 978-3-7698-2400-1

ISBN 978-3-7698-2374-5

ISBN 978-3-7698-2376-9

ISBN 978-3-7698-2375-2

ISBN 978-3-7698-2356-1